AF563451

SIMPLES RÉFLEXIONS

AU SUJET

DE LA LETTRE DE L'EMPEREUR

8
Lk 573

SIMPLES
RÉFLEXIONS
AU SUJET
de la Lettre de l'Empereur

CH. GILLOTTE

CONSTANTINE
TYPOGRAPHIE ET LITHOGRAPHIE DE VEUVE GUENDE
PLACE DU PALAIS
1863

SIMPLES RÉFLEXIONS

AU SUJET DE LA LETTRE DE L'EMPEREUR.

POURQUOI TANT DE BRUIT?... à entendre ceux qui prennent le titre de délégués du pays alors qu'ils représen- un petit Comité dont les membres ont été choisis avec le plus grand soin, pour éviter toute discussion ou toute contradiction, chaque habitant de l'Algérie serait fondé à se croire menacé dans sa positionou dans sa fortune!

La lettre adressée par l'Empereur à M. le Gouverneur-Général a-t-elle, comme on le déclare dans la pétition rédigée par les *défenseurs des intérêts algériens*, plongé l'Algérie francaise dans la plus profonde anxiété en inspirant les craintes les plus sérieuses?

NON!... cettre lettre a été accueillie avec satisfaction par ceux qui s'intéressent sincèrement à la prospérité du pays!

Depuis de longues années, l'Algérie est dans un état de langueur, de torpeur indéfinissables, — le pays s'en allait, s'en va mourant. faute de forces vives.

De nombreux essais, fruits d'une ignorance complète des besoins de la colonie, ou des calculs intéressés de telle ou telle organisation passagère mal combinée, ont fatigué l'attention, découragé les plus forts et amené un état de marasme incontestable.

Devons-nous nous plaindre, au moment où le Chef de l'Etat se montre disposé à utiliser enfin, les ressources que nous offre une terre fécondée depuis trente ans par des sacrifices de toute sortes.

Le projet de constitution est soumis au Sénat et si bien la lettre de l'Empereur doit être considérée comme l'expression de la pensée du Souverain, elle ne saurait être acceptée dans tout son contenu comme le dernier mot du travail que le Sénat prépare et qui doit être définitivement arrêté par lui.

En publiant des télégrammes reproduisant par extraits choisis, certains passages de la lettre de l'Empereur, les journaux de l'Algérie ont fait naître le mouvement qui s'est produit.

Des fragments de correspondance, isolés des prémisses qui les amènent et des explications qui les suivent, peuvent justifier jusqu'à un certain point, des craintes qui, forcément, s'évanouissent à la lecture froide et religieusement faite de la lettre analysée.

En prenant connaissance des dépêches télégraphiques qui nous faisaient redouter des mesures compromettantes pour l'avenir de l'Algérie, nous avons, comme tout le monde, subi une impression pénible.

La lecture de la lettre nous a rassuré ; et si l'émotion qui s'est manifestée subsiste pour quelques uns, *nous le disons hautement*, cela tient à celtte considération que nous touchons à une crise qui, selon toutes probabilités, sera salutaire!

Nous avons dit et nous soutenons que les intentions exprimées par l'Empereur, dans sa lettre au Gouverneur-Général, ne peuvent avoir qu'une heureuse influence sur les destinées de l'Algérie.

Essayons de le démontrer.

Fidèle observateur de la parole donnée, l'Empereur veut tenir les promesses de la capitulation de 1830 et de la loi du 16 juin 1851.

Il s'agit, pour Lui, de régulariser la position des Arabes; de reconnaître leurs droits de propriété, de consacrer la liberté de jouir et de disposer de leurs biens.

Pour arriver à ce résultat, on abandonnerait aux indigènes ce qu'ils possèdent *depuis longtemps*, on les laisserait, — maîtres de leur sol, — en disposer à leur gré.

« Le territoire du Tell se compose de quatorze millions d'hectares. »

« Deux millions sont POSSÉDÉS, cultivés par les indigènes. »

» Le domaine exploitable de l'État est de deux millions six cent quatre-vingt-dix mille hectares, dont huit cent quatre-vingt-dix mille de terre propre à la culture et un million huit cent mille de forêts.

» Quatre cent vingt mille hectares ont été livrés à la colonisation européenne; le reste consiste en marais, lacs, rivières, terres de parcours et landes.

» Il faut, d'après les termes de la lettre, prouver aux Arabes que nous ne sommes pas venus en Algérie pour les spolier; il convient de leur donner la certitude de conserver, à titre de propriétaire, ce qu'ils détiennent à titre de simples possesseurs. »

Quoi de plus juste et de moins contraire aux intérêts européens ?

Les immigrants ont tout à gagner à cette régularisation de position, du moment où la prohibition édictée par l'article 14 de la loi de 1851 n'existera plus, du moment où la liberté de transaction sera proclamée.

L'État songe-t-il a abandonner aux indigènes les terrains libres, sans maîtres, aujourd'hui inutilisés ? Cela est impossible !... Il entend conserver le droit de disposer, en vue des intérêts du pays, soit au profit de l'élément indigène, soit au profit de l'élément européen, suivant l'utilité qui en sera démontrée dans l'avenir, des deux millions six cent quatre-vingt-dix mille hectares qui lui appartiennent !

N'est-ce pas là une réserve suffisante pour les besoins de la colonisation ?...

Personne ne le niera.

La loi de 1851, qui a été accueillie avec tant de faveur lors de sa promulgation, après avoir indiqué les biens qui composent le domaine de l'Etat, déclare la propriété inviolable, sans distinction entre les *possesseurs* indigènes et les *possesseurs* français ou autres.... Elle reconnaît, tels qu'ils existaient au moment de la conquête, ou tels qu'ils ont été maintenus, réglés ou constitués postérieurement par le gouvernement français, les droits de propriété et les droits de jouissance appartenant aux tribus et aux fractions de tribus.

L'Empereur veut que cette loi soit exécutée, et l'exécution complète ne peut résulter que de la délivrance des titres qui mettront fin à toutes incertitudes et qui empêcheront les abus qui ont été commis, jusqu'à ce jour, de se reproduire... En un mot, l'Empereur veut que les promesses faites, que les engagements pris, se réalisent loyalement !

Ici, il devient nécessaire de rechercher quelle était, avant la conquête, la division de la propriété.

Il y avait les biens du **BEYLIK**;
les terrains **ARCH**;
et les propriétés **MELK**.

Les biens du Beylik, appartenant au gouvernement, provenaient, soit de confiscation (*azel-azela,* destitution-confiscation), soit d'acquisitions, soit d'affectations pieuses, au profit des corporations religieuses (domaine réuni) !

Les terrains Arch étaient ceux sur lesquels la tribu ou la fraction de tribu avait un droit de jouissance.

Enfin, les propriétés Melk étaient celles qui, affranchies de toutes charges, résidaient entre les mains des occupants en vertu de titres personnels et plus ou moins réguliers !

Lors de la conquête, la France a trouvé cette division territoriale et, dès le premier jour, elle s'est inspiré de la pensée de respecter les droits acquis.

La loi du 16 juin 1851, indique la composition du domaine national, divisé en domaine public et domaine de l'Etat.

Le domaine public se compose :

1° Des biens de toute nature que le code Napoléon et les lois générales de la France déclarent non susceptibles de propriété privée ;

2° Des canaux d'irrigation et de dessèchement exécutés par l'Etat ou pour son compte. dans un but d'utilité publique et des dépendances de ces canaux, des aqueducs et des puits à l'usage du public ;

3° Des lacs salés, des cours d'eau de toutes sortes et des sources.

Néanmoins, sont reconnus et maintenus tels qu'ils existent, les droits privés de propriété, d'usufruit et d'usage loyalement acquis antérieurement à la promulgation de la loi, sur les lacs salés, les cours d'eau et les sources, et les tribunaux ordinaires restent seuls juges des contestations qui peuvent s'élever sur ces droits.

Le Domaine de l'État se compose :

1° Des biens qui, en France, sont dévolus à l'État ;

« Les biens acquis par le condamné depuis la mort civile encourue et dont il se trouve en possession au jour de sa mort (art. 33, Cod. Nap.).

« Tous les biens vacants et sans maîtres et ceux des personnes qui décèdent sans héritiers ou dont les successions sont abandonnées (art. 539 du C. Nap.).

« Les terrains des fortifications et remparts des places qui ne sont plus places de guerre, dans les cas prévus par l'art. 541 du Code Napoléon.

« Les biens en déshérence. »

2° Les biens et droits mobiliers et immobiliers provenant du Beylick et de tous autres réunis au Domaine par des arrêtés ou ordonnances rendus antérieurement à la promulgation de la loi ;

3° Des biens séquestrés qui auront été réunis au Domaine de l'État dans les cas et suivant les formes prévus par l'ordonnance du 31 octobre 1845;

4° Des bois et forêts, sous la réserve des droits de propriété et d'usage régulièrement acquis avant la promulgation de la loi.

Les mines et minières sont régies par la législation générale de la France;

Les biens dépendant du Domaine de l'État pourront être aliénés, échangés, concédés, donnés à bail ou affectés à des services publics, suivant des formes particulières.

Voilà le Domaine de l'État parfaitement défini; ses droits de propriété sont énumérés, reconnus, ses limites d'action sont tracées!...

Dans son rapport (20 juin 1842) à la Commission de colonisation de l'Algérie, M. Gustave de Beaumont s'exprimait en ces termes :

« Plus on réfléchira aux conditions fondamentales dont » dépend le développement de toute société et plus on re- » connaîtra que la garantie absolue de la propriété indi- » viduelle est la première et la plus essentielle, celle sans » laquelle les autres ne sont rien, celle qui, à la rigueur, » suppléerait toutes les autres. Quelles que soient d'ail- » leurs les institutions civiles et politiques d'un pays, là » où la propriété privée est inviolable, on peut compter » qu'il y a des éléments de prospérité.

» Et c'est une grande erreur de croire que le respect » de la propriété individuelle n'est nécessaire qu'aux vieilles » sociétés, et non à des sociétés naissantes, telles que les

» colonies nouvelles. Il serait plus juste de dire que, dans » une société qui se forme, la propriété a plus encore be» soin d'être inviolable que dans une société depuis long» temps existante; car, ce qu'il est urgent pour une terre » de posséder, ce sont des habitants, et les habitants ne » restent que là où le principe de la propriété est solide» ment établi. Sans doute, nul Français n'abandonnerait » la France parce qu'une loi moins protectrice des droits » de la propriété y serait mise en vigueur; mais qui ira » en Afrique, où l'on veut attirer les populations, si la » propriété n'y est pas solidairement garantie?

» La propriété, en Afrique, n'a-t-elle pas d'autant plus » besoin d'une protection légale toute puissante, au milieu » de ces circonstances extraordinaires, toujours renaissan» santes, qui semblent légitimer le recours à des procédés » exceptionnels et qui, cependant, ne font pas naître un » seul attentat à la propriété individuelle, qui ne soit un » coup fatal porté à l'extension même de la colonie? »

S'inspirant de ces considérations élevées, la loi de 1851 décrète l'inviolabilité de la propriété, sans distinction entre les *Possesseurs* indigènes et les *Possesseurs* français. (POSSESSEURS!!..).

Elle reconnaît, tels qu'ils existent, au moment de la conquête, ou tels qu'ils ont été maintenus, réglés ou constitués postérieurement par le gouvernement français, les droits de propriété et les droits de jouissance appartenant aux particuliers, aux tribus et aux fractions de tribu.

Il importe d'expliquer, en peu de mots, ce qu'on entendait par *droit de jouissance* des tribus.

Dans leurs envahissements successifs, en refoulant les habitants du pays, les Arabes ont posé leurs tentes, créés leurs douars, formé leur tribu partout où le sol leur présentait des avantages suffisants; ils sont devenus possesseurs, par le fait de leur conquête et de leur occupation.

Dans l'origine de la possession, aucun partage régulier n'a été fait; chaque famille a cultivé telle ou telle part qui lui convenait le mieux et, de père en fils, le Ksob ou la Djorra a été fertilisé.

Une redevance, connue sous le nom de Hockor dans la province de Constantine, et qui tient lieu de Zekkat dans les autres provinces, était payée pour constater la charge grevant le fond, pour déterminer la nature de la possession et l'inaliénabilité du bien.

Lorsqu'un douar quittait la tribu pour s'établir dans une tribu voisine, il élevait quelquefois des prétentions sur la jouissance du Ksob ou de la Djorra dépendant de la tribu abandonnée; de là, l'origine de ces luttes si fréquentes de tribu à tribu au sujet des limites de leurs territoires respectifs

Par le fait de leur longue possession, les tribus sont devenues propriétaires du sol possédé en commun. Chacun sait que chez les Arabes la propriété s'acquiert par une possession de dix ans entre étrangers, et de quarante ans entre parents.

Or, la possession du territoire rendait — cela ne saurait être contesté — la tribu propriétaire à l'égard de l'Etat, et si chaque famille cultivant ne devenait pas propriétaire à l'égard de la communauté, cela tenait à cette circonstance que, pour chaque individu, la possession était précaire, non à titre de propriétaire et dès lors ne pouvait conduire à la prescription.

Le Comité consultatif, en présentant le projet de la loi de 1851, voulait que le Gouvernement se déclarât propriétaire des fonds possédés, avec abandon de l'usufruit au possesseur, sous charge de restitution à l'Etat à première réquisition.

On comprit bien vite qu'une pareille déclaration, qui masquait le droit de confiscation dont l'exercice resterait subordonné au bon plaisir du gouvernant, manquait d'équité ; après une vive discussion au Conseil d'Etat, la loi fut votée dans les termes que nous avons rapportés plus haut.

Depuis 1851 le droit de jouissance est acquis : mais c'est là, sans contredit, un droit mixte qui déroge tout à la fois au droit Français et au droit Musulman ; c'est un droit approprié aux besoins du moment, c'est une mesure de transition.

Sous l'empire de la loi du 16 juin 1851, le Gouvernement *ne peut toucher aux droits de* **JOUISSANCE** QUI, COMME LES DROITS DE PROPRIÉTÉ, **SONT INVIOLABLES** !

D'un autre coté, les tribus possédant *ne peuvent aliéner* !

La terre est donc frappée d'inaliénabilité, *d'immobilité*, entre les mains des Arabes !

N'est-ce pas là un état de choses contraire au bon sens, à la loi, à l'intérêt bien entendu de la colonisation qui ne doit pas compter seulement sur les concessions, mais prinpalement sur les transactions qui en fesant naître des rapports d'intérêts, amèneront forcément le rapprochement espéré, la fusion qui doit être si féconde en résultats.

Sans doute, il est fort agréable de toucher bon an, mal an, huit ou dix mille francs produit de la vente des fourrages qui poussent naturellement et dont la culture n'impose aucune dépense.

Mais, ce n'est pas pour constituer, pour établir des fortunes personnelles, isolées, que la métropole s'impose des sacrifices !!

Que veut l'Empereur?

Donner aux indigènes propriétaires en droit, mais simples possesseurs, en fait, des titres qui leur permettront de disposer à leur gré de ce qu'ils ont acquis, légitimement, régulièrement, et par un travail constaté.

Ce que veut l'Empereur, c'est faire marcher l'occupation dans la voie du progrès en facilitant les opérations sérieuses et en leur accordant sa puissante protection.

Il faudrait considérer comme un malheur toute déclaration contraire à celle écrite dans la lettre impériale.

Se réserver la faculté de prendre aux Arabes ce qui leur appartient de par le droit français, de par le droit musulman, serait un acte odieux, indigne de notre caractère, et préjudiciable aux intérêts de l'avenir!

Nous trompons-nous, lorsque nous affirmons que l'Empereur n'a voulu que régulariser la position anormale des possesseurs indigènes tout en conservant dansson intégrité, le domaine national qui sera utilisé dans l'intérêt du progrès, de la colonisation et plus encore de la civilisation?

C'est ce que l'avenir nous apprendra!

Le gouvernement pense que, « la transmission est nécessaire à la propriété » il croit que « c'est elle qui, en permettant l'accumulation des richesses, crée et utilise le capital et féconde par là, le travail de l'homme »

C'est notre avis!

Mais pourquoi, dira-t-on, puisque l'Etat qui est lié par la parole donnée, se décide à délivrer des titres, ne les délivre-t-il pas aux possesseurs plutôt qu'aux tribus qui toujours sont représentées par une autorité indigène qui ignore nos formes administratives et qui n'a pas toujours été d'une exacte probité?

Cette objection est sérieuse! la mesure serait complète si dès aujourd'hui le partage était opéré, et si des titres individuels étaient remis.

Le travail est facile, mais ceux qui aiment à nous voir marcher lentement, se retrancheront probablement derrière la nécessité de conserver le fond commun, jusqu'à la constitution définitive de la commune.

Pourquoi, diront-ils, vous privez-vous de la possibilité de doter les communes de terrains communaux suffisants pour les besoins de l'être collectif? Pourquoi, ajouteront-ils, accepterait-on, dès aujourd'hui, la nécessité où d'exproprier ultérieurement pour cause d'utilité publique avec paiement d'indemnité, ou de donner aux indigènes une part des terrains réservés pour la colonisation.

Nous répondrons à cette argumentation, en démontrant l'urgence de sortir d'une position précaire, provisoire qui est la cause de l'état de stagnation dans lequel le pays végète depuis longtemps.

Nous ne saurions trop insister sur ce point, à savoir que

plus vite la position sera définitivement arrêtée, plus vite les résultats sérieux seront obtenus.

Toutefois, si cette solution rapide n'était pas adoptée, nous prendrions notre mal en patience et nous dirions : en toute matière, il faut suivre un ordre logique.

La jouissance des tribus a été reconnue et validée par la loi du 16 juin 1851 ; les droits de jouissance sont inviolables !

La propriété va être consacrée,
La division s'opérera plus tard.

Le projet indiqué par les termes de la lettre impériale, avec quelques modifications, en sauvegardant tous les droits, témoigne d'une prudence nécessaire et d'une connaissance parfaite des besoins de la situation.

Les journaux s'écrient : « Pétitionnez, pétitionnez ! Il » ne faut pas devenir sujets d'un royaume arabe, il ne » faut pas devenir des étrangers sur une terre française ! »

Mais qui donc pense à nous soumettre à une sorte de vassalité ?... Qui donc songe à porter une main sacrilége sur nos titres les plus précieux, sur nos droits les plus sacrés ?.....

Peut-on voir une menace dans ces mots de l'Empereur :

« La terre d'Afrique est assez vaste, les ressources à y » développer sont assez nombreuses pour que chacun » puisse y trouver place et donner un libre essor à son » activité suivant sa nature, ses mœurs et ses besoins..... » Aux indigènes l'élevage des chevaux et du bétail, les » cultures naturelles au sol..... A l'activité et à l'intelli-

» gence européennes l'exploitation des forêts et des mines,
» les dessèchements, les irrigations, l'introduction des cul-
» tures perfectionnées ; l'importation de ces industries qui
» accompagnent ou précèdent toujours le progrès de l'a-
» griculture.....

» L'Algérie n'est pas une colonie proprement dite, mais
» un *royaume arabe.* »

Pour quiconque est de bonne foi, ces paroles ne doivent-elles pas être interprêtées dans le sens d'une liberté absolue au point de vue des aptitudes particulières et de leur application ?....

Faut-il croire qu'à l'exclusion des Européens, les indigènes auront le monopole de telle ou telle industrie, de tel ou tel genre de culture ?....

Ces paroles indiquent et ne prescrivent pas le travail de chacun ; c'est le programme des efforts à faire en commun, en vue du progrès.

L'Algérie n'est point une colonie !.... C'est une partie intégrante du territoire français ; les habitans de ce territoire ne sont plus des vainqueurs ou des vaincus ! ils sont des sujets de l'Empire, soumis à ses lois, astreints aux obligations qui découlent de leur qualité.

Tout en considérant que les indigènes comme les Européens ont droit à la même protection, l'Etat ne peut pas, ne doit pas, ne veut pas oublier les promesses qui ont été faites, lorsqu'il s'est obligé à respecter les mœurs, les coutumes et la propriété des Arabes !

Le règne de la force est passé : celui du progrès commence ; gardons-nous d'imposer aux Arabes l'obligation d'arriver à nous, il vaut mieux les amener insensiblement par la persuasion, en prenant au besoin leur intérêt pour mobile! Or, la persuasion est la fille aînée de la confiance; tenons nos promesses et l'indigène s'inclinera devant notre loyauté, comme il s'est soumis à nos armes.

Le moment est solennel!....

Non pas que l'Algérie soit en danger, mais une révolution pacifique va s'accomplir.

Algériens, réunissons nous dans une pensée commune, oublions nos dissentiments, nos rancunes, faisons taire nos passions!

Sans entraînement, comme sans faiblesse, faisons valoir nos droits, nos espérances et laissons, à ceux qui comprennent nos besoins, le soin de veiller à nos intérêts.

Que Dieu et l'Empereur protègent l'Algérie!!

Constantine, le 20 février 1863.

BIBLIOTHÈQUE IMPÉRIALE IMPR.

CHARLES GILLOTTE.

www.ingramcontent.com/pod-product-compliance
Lightning Source LLC
LaVergne TN
LVHW010325230826
846091LV00009B/3765

* 9 7 8 2 0 1 9 2 3 1 8 5 9 *